# Aquarelles

# et Fusains

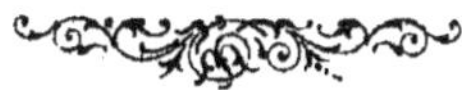

## Vente

**DU 22 DÉCEMBRE 1897**

Hotel Drouot, Salle n° 9

___

## Exposition publique

**LE 21 DÉCEMBRE 1897**

De 1 h. 1/2 à 5 h. 1/2

IMPRIMERIE MAULDE ET RENOU

**MAULDE, DOUMENC & C$^{ie}$**

IMPRIMEURS DE LA COMPAGNIE DES COMMISSAIRES-PRISEURS

*Rue de Rivoli, 144. — Paris*

# CATALOGUE

DES

# AQUARELLES

## et Fusains

PAR

Allongé, D'Albarède, Baron, Bonesi
H. Bonnefoy, Calvès
Desrivières, Filosa, Garrido, Gassies, Gatti
Gélibert, Hawking, Karl-Robert
De Notter, Peralta, Rossert, Ulmann, etc.

*Dont la Vente aura lieu*

## HOTEL DROUOT, SALLE N° 9

### Le Mercredi 22 Décembre 1897

A DEUX HEURES

———

PAR LE MINISTÈRE DE

**M<sup>e</sup> Léon TUAL**, Commissaire-Priseur

56, RUE DE LA VICTOIRE

ASSISTÉ DE

**M. Georges MEUSNIER**, Expert près les Tribunaux de la Seine

27, RUE SAINT-AUGUSTIN

———

## Exposition publique

### LE MARDI 21 DÉCEMBRE 1897

De 1 heure 1/2 à 5 heures 1/2

# CONDITIONS DE LA VENTE

Elle sera faite *expressément* au comptant.

Les acquéreurs paieront CINQ POUR CENT en sus des adjudications.

70965 — Imp. MAULDE, DOUMENC et Cie, rue de Rivoli, 144

# DÉSIGNATION

—

## ALLONGE

1 — *L'Approche de l'Orage.*

Fusain.

## C. D'ALBARÈDE

2 — *Vénus.*

3 — *Le Printemps.*

Allégories.

## BARON

4 — *Tête d'Homme.*

Fusain.

## BONESI

12 — *La Ronde à la Cave.*

## BONESI

13 — *Un Reître.*

## H. BONNEFOY

14 — *La Route du Village.*

## CALVÈS

15 — *Au Pâturage.*

## DESRIVIÈRES

16 — *Jeune Femme.*

Pastel.

Salon de 1868.

## FILOSA

17     *Souvenir d'Andalousie.*

## FILOSA

18 — *Palpitant Souvenir.*

## GARRIDO

19 — *Conversation.*

Esquisse.

## GASSIES

20 — *Coucher du Soleil (Forêt de Fontainebleau).*

## GATTI

21 — *Tête de Vieillard.*

## GATTI

22 — *Après le Bain.*

## G. GÉLIBERT

23 — *La Salle du Trône.*

## HAWKINS

24 — *Le Cerisier.*

25 — *Le Sentier.*

26 — *La Chute d'eau.*

27 — *Dame de la Fronde.*

28 — *Les Soleils.*
Allégorie décorative.

29 — *Vue prise à Paris.*

30 — *Chantier Funéraire.*

31 — *Paysage.*

32 — *L'Arabe.*

33 — *Tête de Vieillard.*

34 — *Le Chasseur.*

35 — *Au Champ de Mars.*

36 — *Étude de Fillette.*

37 — *Croquis.*

## HAWKINS (suite)

38 — *La Gerbe.*

39 — *Effet d'Automne.*

40 — *Les Champs.*

41 — *Étude de Femme.*

42 — *Village au bord de la mer.*

43 — *La Meuse.*

44 — *Portrait d'Homme à collerette.*

45 — *Portrait d'Homme à barbe grise.*

46 — *La Lecture.*

47 — *Le Chemin montant.*

48 — *La Rose trémière et le Papillon.*

49 — *Étude d'Italienne.*

50 — *Le Puits.*

51 — *L'Homme au Collier.*

## HAWKINS (suite)

52 — *Étude d'Homme, costume du XVI° siècle.*

53 — *La montée du Pont de Sèvres.*

54 — *Portrait d'Homme.*

55 — *La Neige.*

56 — *Jeune Mère.*

57 — *Fillette des Champs.*

## KARL-ROBERT

58 — *Souvenir de Bretagne.*

59 — *Les bords du Loing à Montigny.*

60 — *L'Étang de Villeneuve.*

61 — *Dans le Parc de Villeneuve-l'Étang.*

62 — *L'Hyère, à Brunoy.*

## KARL-ROBERT (suite)

63 — *Le bras mort à La Varenne.*

64 — *Un coin de l'Étang de Garches.*

65 — *La Seine au pont de Sèvres.*

66-69 — *Quatre Panneaux décoratifs :
Bords de rivière.*

## LIRA

70 — *Les Faucheurs.*

## LIARDO

71 — *La Rencontre.*

## E. MARC

72 — *Étude en Espagne.*

## M. MUNOZ

73 — *Le Marchand d'oranges.*

# FUSAINS PAR NORMAND

## FUSAINS PAR NORMAND (suite)

88 — *La Pêche miraculeuse.*

89 — *Éducation de Pan.*

90 — *Entrée de Dante aux Enfers.*

91 — *La Mise au Tombeau.*

92 — *Le Baiser de Judas Iscariote.*

93 — *Triomphe du Christianisme.*

94 — *« Mon Dieu, faites que ce calice s'écarte de moi. »*

95 — *Les Bergers d'Arcadie.*

96 — *Femmes et Nymphes.*

97 — *Variante du précédent.*

98 — *Diane et Actéon.*

99 — *La Fortune et le Jeune Enfant.*

100 — *Le Génie de la Danse.*

101 — *Allégorie.*

## FUSAINS PAR NORMAND (suite)

102 — *Le Dante et Virgile.*

103 — *Variante dn précédent.*

104 — *La Résurrection de Lazare.*

105 — *L'Ange exterminateur.*

106 — *Les Maudits.*

107 — *Prise de Jaffa.*

108 — *L'Ange et Ismaël.*

106 — *La Parole Sainte.*

110 — *Adam et Ève.*

## R. DE NOTTER

111 — *Intérieur de Cour à Alger.*

## CARLO ORSI, DE FLORENCE

112 — *La Bulgarie.*

Salon de 1878.

## PÉRALTA



## PINEL



## ROSSERT

## ROSSERT (suite)

125 — *L'Arbre brisé.*

126 — *La Falaise.*

127 — *Paysanne.*

## ULMANN

128 — *Près des Ruines.*

129 — *L'École Buissonnière.*

## TRAVERSI

130 — *Propos galants.*

131 — *La Lecture* (costume mexicain).